AF275904

El ciervo sagrado
San Juan en
la pintura de Leonardo

Gabriel Bernal Granados

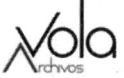

www.archivosvola.es

Gabriel Bernal Granados es miembro del mexicano
Sistema Nacional de Creadores de Arte

© Gabriel Bernal Granados, 2025

© Archivos Vola, Madrid, 2025

ISBN: 978-84-129820-3-9
Depósito legal: M-16910-2025

Hecho en Madrid

Índice

PREFACIO

A lo largo de su vida creativa, desde el primero de los cuadros que se le atribuyó hasta el último, Leonardo reflexionó sobre la figura de san Juan. Vio en él resabios o máscaras de mitos antiguos, provenientes de otras culturas, que remarcaban su relación con la naturaleza y lo divino. Leonardo pudo haber relacionado la figura de Juan con la de Orfeo y la de Dioniso o con la de José, el hijo de Jacob, elegido en secreto por su padre y condenado por sus hermanos a un destierro que lo llevó a conocer la cárcel en dos ocasiones y la resurrección: la emergencia hacia la luz.

Por su biografía y sus escritos, Leonardo parecería tener poco que ver con preocupaciones de orden religioso o místico. Sin embargo sus cuadros sobre Juan parecen afirmar lo contrario. A través de los escritos de Platón, pero sobre todo de las conversaciones o las enseñanzas que pudo haber recibido en los círculos neoplatónicos que se formaron en Florencia a mediados del siglo XV, Leonardo pudo haber estado en contacto con la sabiduría y el misticismo que provenían de las tradiciones hebrea y árabe. Conforme se aproximaba al final de su vida, su conocimiento de los umbrales que separan los mundos de arriba y abajo, la sombra y la luz, se antojan no sólo asombrosos sino harto plausibles. Leonardo nunca se pronunció a este respecto y pareció guardar sobre estos asuntos una regla de oro, que privilegia la oralidad, por un lado, y la oscuridad y el silencio por el otro. En su libro sobre la narratividad como la esencia de lo humano, el filósofo francés Paul Ricoeur se refiere a estos puntos de sutura, recordando el caso de las enseñanzas de Jesús, que nunca escribió una palabra y que solía enseñar a sus discípulos a través de parábolas, muchas de ellas todavía motivo de perplejidad por su carácter indescifrable y oscuro. Esta oscuridad, según Ricoeur, tenía el fin de alejar del ámbito de la enseñanza a quienes no estuvieran convencidos y desestabilizar a quienes supuestamente lo estaban, generando en ellos una incertidumbre. "Algunas narraciones -escribe Ricoeur- pueden intentar no aclarar, sino oscurecer y disimular." El camino más corto hacia la luz -metáfora de la iluminación interior en el sufismo iranio- no es la línea recta sino la parábola, por considerar acaso que la verdad es una más de las ilusiones que se presentan a lo largo de una vida.

Este libro reúne tres ensayos de distinta extensión sobre el tema de san Juan en la obra de Leonardo, trazando un arco que va de sus inicios como pintor a la etapa final de su vida. En los evangelios, Juan es un factor de inestabilidad y misterio que no termina de ser claro. Por ejemplo, no se sabe por qué cedió su lugar a Jesús, a quien no era "digno de desatar la correa del zapato" (Juan 1: 27). En esta afirmación de humildad, sin embargo, podría haber algo de retórica. Leonardo lo entendió así y lo expresó de manera velada -o esóterica- en la primera versión de *La Virgen de las Rocas*: en el interior simbólico de la caverna donde aparecen la Virgen, el Niño y el ángel Uriel, el niño Juan se encuentra en una posición superior a la del niño Jesús, en el momento de darle su bendición. Esta ascendencia es algo que también se observa en *El bautismo de Cristo*, que Leonardo pintó al lado de su maestro Verrochio, como si efectivamente el Maestro reconociera la engañosa ascendencia del que "viene detrás".

Más allá de las interpretaciones que podamos dar a estas historias, Leonardo parece haberse identificado con la discreción de Juan, como si estuviera plenamente apercibido de que "nada se conoce si no se conoce la sombra". Cualquiera que haya sido su procedencia o las fuentes en que abrevó la sabiduría de Leonardo, esto se aviene de manera inmejorable a la experiencia de su obra, donde la sombra y la luz parecen el motivo de sus reflexiones más determinantes y profundas.

Agradecimiento

Entre el 10 y el 12 de noviembre de 2021 se llevó a cabo, en la Facultad de Filología de la Universidad Complutense de Madrid, el X Congreso sobre Arte, Literatura y Cultura Alternativa de la Asociación Cultural Besarilia, que dirige la escritora y promotora Marjorie Eljach. En ese marco, impartí la conferencia intitulada "El ciervo sagrado: Leonardo da Vinci y el neoplatonismo florentino del siglo XV". Se trataba, en realidad, de una primera aproximación a los textos que conforman este libro, que se fue elaborando poco a poco a lo largo de estos últimos cuatro años.

Gabriel Bernal Granados,
Santa María Ahuacatitlán, a 19 de mayo de 2025.

I. El símbolo del agua en el primer Leonardo

Corría el año de 1472. Andrea del Verrochio, dueño y maestro de una famosa bodega en la ciudad de Florencia, había aceptado el encargo de pintar la escena del *Bautismo de Cristo*. Como ocurría siempre con las pinturas de caballete que le eran encomendadas al maestro, éste elegía a dos ayudantes entre sus discípulos para que dispusieran la tabla, molieran los pigmentos y los mezclaran con aceite. Se trataba de un proceso lento, que podría demorar meses. Incluso un año o dos. De hecho, fue en la bodega de Verrochio donde Leonardo adquirió la costumbre de la *demora*. Nada demasiado rápido y nada demasiado lento. Si estiras el tiempo y lo llevas al límite, verás cómo las realidades afloran por sí solas en el universo del cuadro. La *demora* en Leonardo sería el equivalente al *silencio* en el campo de fuerza que supone la existencia del poema en el contexto moderno. El silencio como un dosel o una cuña que facilita la emergencia del sentido último de la obra.

Leonardo, que por entonces tendría veinte años, siguió el proceso de elaboración de la pintura con sumo cuidado. No se contentaba con el cumplimiento de sus tareas domésticas, sino que entendía, como si fuese la sombra del maestro, el proceso interno de la genésis del cuadro. De ahí la importancia del agua, que crea, para los pies del Bautista y de Jesús, un contexto diferente. Verrochio, que se encuentra en el germen de la pintura y algunos de los hábitos más significativos de Leonardo, era muy respetuoso de las convenciones. Y aquí ser "respetuoso de las convenciones" significa una manera inaparente de romperlas. San Juan, que tiene la misma estatura que su primo Jesús, lleva una camisa de lana negra.

Cubriéndole el torso, las caderas y la pierna derecha, entrecruzándose como si formaran una guirnalda, lleva dos paños, uno azul y otro rosa. Más allá de sus posibles correlatos (el rosa y el morado eran los colores de la ropa que usaba Leonardo, según algunos cronistas de la época; y el rosa y el azul son los colores de los paños que llevan Platón y Aristóteles en *La escuela de Atenas* de Rafael), estos colores, aquí, representan las dos mitades que dividen la distribución de las figuras y los símbolos en el cuadro de Verrochio: el azul del cielo y los colores cálidos que crean la sensación de un suelo.

(El báculo de san Juan es como el tallo de un árbol que germina en el lecho del río, de la misma forma en que la palmera de la izquierda nace de la tierra y se eleva hacia el cielo, como una ofrenda o la manifestación de una forma vegetal de la conciencia.)

El agua del río se va mezclando, en su devenir sinuoso, a las piedras de la orilla, como si Verrochio hubiera querido jugar con el símbolo de la piedra[1] y la forma inaprensible del agua.[2] ¿Verrochio o Leonardo? La conciencia del discípulo ya se percibe en la pintura del maestro. La musculatura de las piernas de Jesús y el vello que se asoma por encima de la tela que le cubre el sexo ya son las de una pintura del Renacimiento, en cuyos albores nos encontramos ahora. Sin embargo, la tonalidad grisácea de su pecho y la manera magra y piadosa en que está representado su rostro aún recuerda el *rictus* con el que los pintores medievales

---

1. Véase Mateo 3:9, "Porque yo os digo que Dios puede hacer surgir de estas piedras hijos a Abraham", de donde se desprende que las piedras, como todo lo natural que nos rodea, está vivo y representa un estado distinto de ser o de conciencia.
2. Andrea Verrochio está representando en este cuadro un paisaje imaginario (algo muy propio de Leonardo en su pintura posterior) que tiene su correlato en el río Jordán del Nuevo Testamento. Las piedras y la tonalidad del agua del río, conforme la visión del espectador se acerca al primer plano de la obra, recuerdan la temperatura y las tonalidades del desierto. Juan era un profeta cuyo destino estaba asociado a la soledad y la incertidumbre del desierto.

(Cimabue) representaban el dolor y la condición teológica del Hijo.[3]

Resulta difícil creer la historia según la cual Verrochio se habría sentido obligado a colgar los pinceles después de ver cómo Leonardo pintaba a uno de los ángeles que aparecen en el ángulo inferior izquierdo de la pintura, arrodillado, en el primer plano, y sosteniendo la túnica rosada del Maestro mientras a éste se le bautiza con el agua del río. Es verdad, la riqueza en el detalle y la sensualidad en el uso del color traicionan en este punto la destreza de Leonardo, así como el rostro angelical y los rizos de la cabellera, que un poco más tarde se convertirían en correlato simbólico del caracol que dibuja la espiral del agua cuando se siente atraída hacia su centro.

Verrochio y sus ayudantes[4] pusieron especial esmero en la representación del agua como una transparencia. A

3. Los brazos y las manos del Cristo parecen estar fuera de la proporción establecida por Vitruvio y representada por Leonardo en un dibujo de 1492, que Luca Pacioli incorporó en su tratado sobre el concepto matemático de proporción áurea *De divina proportione*, impreso en Venecia en 1509. Dos tradiciones, la Edad Media y el Renacimiento, conviven de manera visible en un mismo espacio, siendo la una un desprendimiento de la otra.

4. En este punto del relato hemos comprendido la importancia de los discípulos en la ejecución de una obra, que de suyo no iba firmada y que en todo caso pertenecía al "taller de Verrochio", así como los cuadros que se le atribuyen a Leonardo en realidad tendrían que llevar el sello distintivo del "taller de Leonardo".

través de ella se puede ver las lajas que forman parte del lecho del río, pero también y sobre todo las estructuras de los pies descalzos de los profetas, que contrastan con la profusión en el vestido de los dos ángeles de la izquierda. ¿Los ángeles serían entonces una sugerencia de las personalidades de Leonardo y Botticelli, que según la tradición fueron los ayudantes seleccionados por Verrochio para ayudarle en la ejecución del *Bautismo de Cristo*?

Siguiendo con esta misma lógica, en el bautizo de Jesús puede verse al maestro, san Juan / Verrochio, ungiendo a su discípulo Leonardo, quien de alguna manera se gradúa con este cuadro y se encuentra en condiciones de aceptar encargos para su propio y muy modesto taller de pintura, que comenzaría a funcionar de manera itinerante y esporádica a partir de ese mismo año, 1472, cuando Leonardo pinta *La anunciación* en compañía de Ghirlandaio, que también formaba parte de la bodega de Verrochio.

A un lado del muslo derecho de Jesús, el agua clara de la fuente del Jordán se revuelve sobre sí misma formando una espuma blanca, que parece reverberar bajo la luz del sol del mediodía. El agua sigue su curso entre las rocas hasta mojar los pies del Bautista y de Jesús, que pueden verse a través del agua gracias a la misma calidad o transparencia con que Leonardo, veinte años más tarde, pintaría los vasos de los apóstoles en *La última cena*. ¿Qué tanto aprendió Leonardo de Verrochio y qué tanto ya sabía del valor del paisaje y su fusión con la figura? Leonardo parece estar entendiéndolo todo en el momento de estar ejecutando sus tareas como ayudante en el taller de su maestro, y de esos mismos años data el interés que habría de desarrollar a lo largo de su vida por el agua y el profeta relacionado con el misterio de su transparencia, Juan el Bautista. Sin embargo, no es san Juan el protagonista de este "primer cuadro" atribuido a los pinceles y la inteligencia de Leonardo: es el agua. El agua como principio generador del todo.

II. La piel de leopardo

...¿no existe una afinidad oculta entre el secreto del que emerge la historia y aquel al que la historia vuelve?

PAUL RICOEUR, *Tiempo y narración*

La pintura de *San Juan* es la más propiamente platónica de la obra de caballete de Leonardo. En ella, como ya hemos dicho en otra parte, la figura de san Juan, con el torso ligeramente girado hacia la derecha, parece emerger de la sombra que constituye el fondo del cuadro. Los tres cuartos del torso están ligeramente girados a la derecha y la cabeza, cubierta de rizos, cae también sobre el hombro derecho, mientras que el brazo, figurando un movimiento espiral-áureo, proyecta el índice de la mano derecha hacia un punto indeterminado "arriba en el cuadro" (metáfora del Cielo). *Arriba*, sin embargo, no necesariamente tendría que significar el *Cielo*; podría tratarse del mundo de Arriba, en oposición al mundo de Abajo; el mundo de lo vivo en oposición dialéctica al mundo de lo inerte y ya ido.

La desnudez de Juan está cubierta por la piel de una bestia. La piel de este animal salvaje está trabajada con la misma sensualidad concomitante con que Leonardo trabajó los rizos de la cabellera. Lo uno en concordancia con lo otro puede tocarse claramente con el tacto y arrojar a la vista su carácter afelpado o sacro. La piel del leopardo, en el antiguo Egipto, era uno de los atributos del faraón, mediador entre la luz y la sombra, lo diurno y lo nocturno. Esto podría tratarse de una reminiscencia de la religiosidad egipcia, que permeó el Renacimiento a través de su incorporación a los tratados de alquimia medievales.[5]

Las manos en Leonardo constituyen entidades autónomas. Concebidas por separado, tratan de integrarse la una en armonía con la otra, formando un todo. Si la derecha, en su articulación con el brazo y el hombro, describe una espiral y expresa la preocupación de Leonardo por la proporción áurea, ésta se apoya sutilmente en la muñeca para apuntar con el índice hacia un punto indeterminado en el Cielo (en los tratados de alquimia medieval, el Cielo estaba hecho de piedra y tenía la connotación de Urano).[6] Los dedos de la mano izquierda, en cambio, que nace de un

5. En un cuadro atribuido a Giulio Romano y Rafael, *El joven san Juan* (ca. 1517-1520), que claramente está referido al cuadro de Leonardo sobre la ascesis de Juan, aparece un joven casi desnudo que se encuentra reclinado frente a la que podría ser la entrada a una caverna, donde lo negro del umbral contrasta con la claridad de la luz que ilumina al cuerpo. Alrededor de su brazo izquierdo y su muslo derecho, Juan está cubierto por la piel moteada de un leopardo.

6. En griego, *Ouranós* significa el *Cielo*.

doblez de la túnica sagrada en torno del brazo, apuntan al pecho de san Juan. Se ha pensado tradicionalmente que aquí Leonardo estaba citando el Nuevo Testamento ("Yo a la verdad os bautizo en agua para el arrepentimiento, pero el que viene tras de mí, cuyo calzado yo no soy digno de llevar, es más poderoso que yo",[7] que definía la condición transitoria de san Juan, asimilando su figura a la de Hermes), pero quizá podría tratarse de una afirmación de otra índole, que supusiera la concentración de lo Uno-diverso: es decir, *en mí se contiene el universo*, como suma cabal de toda alocución filosófica.

La ambigüedad y lascivia que se perciben en la sonrisa de san Juan nos remiten a los mismos atributos visibles en la sonrisa de la *Mona Lisa*. Podríamos pensar en los dos paneles de un díptico, en una de cuyas hojas estuviera colocada la *Gioconda* y en la otra el *San Juan*. Podríamos pensar incluso que Leonardo desarrolló un mismo tema basándose primero en un modelo femenino y después en uno masculino, en cuyo caso la simbología característica del paisaje que aparece en el retrato de la *Mona Lisa* hubiera desaparecido casi por completo. La *Mona Lisa*, en efecto, plantea el problema de lo masculino en lo femenino y el san Juan complementa esta pesquisa centrándose, *sub specie aeternitatis*, en la relación inversa: la mujer en el hombre.

7. Mateo 3: 11-17.

Tanto en la *Mona Lisa* como en el *San Juan*, Leonardo pinta al ser primordial, increado, el orden anterior a la escisión de lo invisible unitario en lo visible disperso. De ahí que no importe la identidad de *la* o *el* modelo: nunca existió tal, porque tanto la *Mona Lisa* como el *San Juan* no son propiamente retratos sino entelequias, producto de la buena disposición que Leonardo manifestó desde sus comienzos como aprendiz en el taller de Verrochio para la disquisición filosófica. Así, el paisaje concomitante que aparece en el primero de estos cuadros quiere ser la representación de la vastedad del cosmos: el lago sinuoso que se pierde, al igual que la mirada, en las orillas de una cordillera montañosa, esfumada tras la niebla, como una *matrix mundi* cuyo interior todo lo alberga, todo lo une y todo, finalmente, lo disgrega. El paisaje, el azul del fondo en contraste con el ocre y las tierras de los primeros dos planos, puede verse como uno de los fractales del cosmos, donde la figura de la Mona Lisa se confunde con el fondo, generando la ilusión de las distancias, porque en realidad, en un cuadro de Leonardo, lo que se encuentra al alcance de la mano sólo puede asirse con las pinzas sutiles de la mente y la memoria.

En el *San Juan*, en cambio, el paisaje ha desaparecido casi por completo, y esto quizá se deba a que el tiempo ha quedado suspendido en esta pintura *casi por completo*. Queda la figura. Los labios de la Mona Lisa son los mismos de

Juan, así como el brillo oblicuo que reverbera en sus ojos. La figura luminosa de Juan reverbera, de hecho, en el abrazo aparente de la sombra, que parece moldear el cuerpo desnudo y vibrante del personaje. Si algo distingue la *Mona Lisa* del *San Juan* es el tratamiento que Leonardo le da a las figuras: la primera parece adolecer de una naturaleza cortesana, sentada en su silla y bañada por una luz ligeramente ocre, ligeramente dorada, como queriendo marcar con ello una ascendencia y una condición que contrasta con la indefinición del paisaje. En cambio, san Juan, ofreciéndose como la cara opuesta de la misma moneda, con su desnudez y sus escasos atributos visibles, la piel del leopardo y la vara que se convierte a sí misma en una reflejo de la elevación de la cruz, remarca la condición agreste del personaje, que se funde en un abrazo con la sombra de la cual parece así mismo emerger, como si el nacimiento no fuera distinto de la muerte. ¿Acaso es la Gioconda el aspecto mundano o el reverso de la condición ascética de Juan? Tal vez, porque para Leonardo las definiciones categóricas importan menos que las sugerencias.

La sombra moldea el cuerpo de san Juan y su obra sugiere un alumbramiento; pero la sombra también *abraza* el cuerpo de san Juan y con ello está implicando su muerte. ¿De qué estamos hablando entonces, de un alumbramiento o de una abolición? Leonardo diría que de las dos cosas, porque así como el hombre convive en un mismo cuerpo con la mujer, la vida se vuelve ininteligible sin la muerte. Se trata, por tanto, de una pintura sobre los principios y los fines, y la cooperación fundamental que se impone a los opuestos.

El cuerpo semidesnudo de Juan nace de la oscuridad de la noche, como el sol nace con la aurora. Es la primera y la última percepción de las cosas visibles, porque así como el sol nace de la caverna oscura de la noche al despuntar el alba, así mismo muere con el crepúsculo, antes de sumergirse una vez más en la profundidad de la noche. Aunque Leonardo repudiara las palabras, poniendo la visión por encima de la ejecución ilusoria del discurso, se nutre de ellas y sus cuadros inevitablemente se refieren a ellas y encuentran parte de su explicación en los libros. No sabemos cómo estaba conformada la biblioteca itinerante de Leonardo, pero sabemos que tuvo que haber alguna, en Florencia primero y en Milán después, antes de su exilio definitivo en Amboise.

Uno de los libros que posiblemente formó parte de esa biblioteca tuvo que ser el *Timeo*. Tal vez a eso se refería Rafael cuando puso bajo el brazo de Leonardo un ejemplar del *Timeo*, quizá porque así lo recordara o porque alguien que lo conoció y lo vio se lo dijo, que Leonardo tenía o incluso comentaba con autoridad el *Timeo*. Los motivos que pudo haber tenido eran muchos. Uno de ellos, ya lo hemos dicho, era que en el *Timeo* figura, si no la primera, sí la más contundente de las apologías de la visión sobre las percepciones engañosas de los demás sentidos. Para Platón, la mirada apunta al pensamiento y es fundamental para la construcción de una filosofía. Y esto mismo fue lo que pudo haber detonado el interés de Leonardo, si bien la mirada termina participando del engaño de los demás sentidos cuando lo que se pretende es interpretar la realidad o descorrer los velos. Lo que vemos también es un engaño y ahí está, como prueba de ello, la pintura tridimensional para demostrarlo; por eso, nada de lo que pinta Leonardo puede ser entendido como "arte realista" sino como una ficción que está hecha de símbolos, restituciones que conducen a un estado posterior, o anterior, de la mente. (En el rango de las percepciones de la mente no hay *antes* ni *después*.)

El primer plano de la *Mona Lisa* está ocupado por una sola figura, mientras que el paisaje contra el que se recorta esta figura está desolado: no hay nadie en él. Podríamos pensar en un contraste, concebido así, a propósito, entre la corte (el castillo, lo amurallado, que dio paso a la *civitas*, raíz y contexto de lo civilizado) y la naturaleza, pero tal vez sólo se trate de un entronque entre lo uno y lo otro como posibilidad. El espacio que dibuja la intersección entre la ciudad y la selva es el lugar del sacrificio. Así nos lo recuerda Roberto Calasso en *Ka*, su ensayo narrativo sobre la mitología y el pensamiento indostaní: "Los que se iniciaban, los *diksita*, se ceñían las caderas con una piel de antílope negra, como para recordar en todo momento, absorber por los poros, algo de la sustancia de aquel ser cuya carrera, cuya fuga dibujaba los bordes del país en el que el sacrificio -la civilización- fue instaurado, un país cercado por todos lados por una tierra ignota y salvaje" (*Ka*, 61).

En *José y sus hermanos*, la tetralogía de Thomas Mann que indaga en las raíces sumerias y persas de la religión judía, el faraón, en su papel de sumo sacerdote, aparece tocado con una piel de leopardo, un animal sagrado que connotaba uno de los atributos más añejos de las dinastías faraónicas de Egipto, como mediadores entre el mundo de los vivos y el de los muertos. En el ritual egipcio, el leopardo, que hunde sus colmillos en la carne de la noche, como el sol antes de la aparición hipnótica de la luna, que nubla sus poderes, tiene el mismo rango que el chacal, otro animal nocturno que hunde sus garras y hoza la tierra para desenterrrar a los muertos y alimentarse de ellos. Ambos connotan esas transiciones, que vuelven ilusorias las fronteras entre los reinos y los vuelven asequibles a quienes portan sus pieles o se disuelven usando sus cabezas en lugar de tiaras o coronas.

¿Es la misma piel de leopardo que lleva Juan para cubrir la desnudez de su cuerpo en el cuadro de Leonardo o, mejor dicho, para connotar ese carácter de mediador entre dos estados distintos de la percepción, uno inerte, yerto y otro vivo o quizás despierto? La sombra, de donde emerge el cuerpo de Juan, podría estar asociada con el sueño, mientras que la luminosidad de su cuerpo y la manera en que ésta se coordina de una manera armoniosa y misteriosa con la sonrisa y el brillo de los ojos podría entonces estar asociada con el estado de consciencia de quien está despierto. ¿O se trata simple y llanamente de la muerte entendida como una exhumación, ya no del cuerpo sino de la mente, manantial *que mana sin fin* según las creencias más antiguas de los arya del valle del Indo?

En el *San Juan* el paisaje ha desaparecido del todo o se ha fusionado con el negro, que tiene el valor de lo absoluto y se encuentra en diálogo con la luz que se constituye en el cuerpo y la carne de Juan, que está tocado con una piel de leopardo indicando así que el hombre mismo se ha convertido en la motivación de un sacrificio. Ya no hay diferencias entre un aquí (primer plano) y una lejanía como fondo, no hay teatralidad en este cuadro, sino que el hombre mismo se vuelve objeto de la ceremonia que está a punto de ejecutarse, llevándolo, con su muerte, al reino de la sombra. Así sucede, de hecho, en los Evangelios, donde Juan tiene la misión de anteceder a Jesús (también denominado el Cordero) en el camino del sacrificio. Porque ambos profetas, uno agreste y otro más educado, tenían ese destino en común: el de escenificar el rito solar de ascender a lo más alto (simbolizado por la cruz que remata el cayado de Juan en el cuadro de Leonardo) después de haber descendido a la sombra del mundo subterráneo.

No son muchos los objetos -e incluso el mobiliario- que aparecen en las pinturas de Leonardo, que se ciñen, todas y cada una, incluso retóricamente hablando, al tema que tratan; sin embargo en ésta Leonardo parece aproximarse, lo más que le estaba permitido, desde el punto de vista de la figuración, a una síntesis retórica, plástica e incluso filosófica. Me refiero al problema, planteado en sus escritos sobre pintura y en su misma obra de caballete y sus proyectos murales, de la sombra (el negro) y lo luminoso, como un producto consustancial, éste último, a la carnación en la figura.

Lo uno y lo otro, como si se tratara de las dos orillas del ser y las dos orillas entre las cuales oscila su continua meditación sobre la pintura y la realidad. En este cuadro, los objetos que aparecen aderezando a la figura de san Juan son dos: el cayado del asceta o del eremita, que subraya la santidad del personaje, o el sentido ulterior de su misión, a través del remate que se encuentra en su punta: una cruz, que remite a la Cristiandad, ciertamente, pero también al sacrificio y a la muerte; y la piel moteada de un animal salvaje, que nosotros hemos asimilado a la de un leopardo, pensando sobre todo en los antecedentes de la filosofía platónica que se insinúan en los *Diálogos* y que bien podrían hundir sus raíces en mitologías y formas de pensamiento propias de culturas más antiguas que la griega, como la egipcia y la hindú.

Nunca como en este cuadro la pintura de Leonardo había concordado tanto con la filosofía de Platón y sus raíces orientales, por aquello del tratamiento del tema del andrógino, que en la *Mona Lisa*, el cuadro inmediatamente anterior a éste, se expresa como la presencia de lo masculino en lo femenino y en el *San Juan*, como lo femenino en lo masculino. Es decir, como si se tratara en realidad de una imagen idéntica a sí misma colocada frente a un espejo.[8] El verso y el anverso de una idea *idéntica a sí misma*. El *sí mismo*, que en los himnos védicos recibió el nombre sánscrito de atman, es fundamental en Platón para comprender el problema de la unidad del alma en el cosmos: el Uno, cuya expresión mitológica podría ser precisamente esa: el ser andrógino primordial que reúne en sí mismo las potencias de lo femenino (la noche) y lo masculino (el día).

En su novela sobre los orígenes del misticismo judío, Thomas Mann recrea minuciosamente la historia de José y sus hermanos y se refiere al hecho de que aquél fuera inhu-

8. En una galería imaginaria, estas dos pinturas deberían estar colocadas una al lado de la otra, como si fuesen las dos caras complementarias de un biombo. En un sentido cronológico estricto, es posible que la *Mona Lisa* no fuera anterior al *San Juan* sino casi simultánea, a lo largo de los años que requirió la ejecución de ambas pinturas, a principios del siglo XVI, señalando ambas la última etapa creativa en la vida de Leonardo.

mado en un pozo en términos de una muerte y una resurrección. Para que uno ascienda es necesario que el otro disminuya, dicen los Evangelios, tratando el tema de la muerte de Juan y la ascensión de Jesús, mostrándose primero en público y ascendiendo después a los cielos a través de su sacrificio en el cruz, como si se tratara de un solo personaje que observara, de manera clara y definida, esas dos fases: un descenso necesario a la oscuridad del inframundo y un ascenso posterior a la esfera luminosa que se encuentra en un punto indeterminado de un Cielo simbólico. Después de que sus hermanos golpearan a José hasta dejarlo inconsciente y, atado de pies y manos, desnudo, lo arrojaran a las profundidades de un pozo; al cabo de tres noches con sus lunas, a la boca de esta cámara mortuoria se presenta Rubén, su hermano mayor, con la intención de rescatarlo, pero se entera, nada más llegar a las inmediaciones del pozo, que la piedra que lo cubría ha sido removida y que alguien antes que él se ha llevado a su hermano. Sentado en la piedra, Rubén se encuentra con un guardián, de aspecto imponente y delicado a la vez, que no parece ser otro sino un ángel, y entre ambos sostienen una conversación sobre el significado de los hechos que acaban de ocurrir.

Luego de cerciorarse de que José ya no está más en el pozo a donde fue arrojado por él y sus hermanos, Rubén, en busca de palabras de consuelo, escucha lo que el guardián tiene que decir:

-Yo no sé lo que tú entiendes por muerto y por vivo. Rehúsas que se te hable de nociones infantiles y elementales, pero permíteme recordarte el grano de trigo en el seno de la tierra, y preguntarte lo que piensas de la "vida" y de la "muerte" respecto de dicho grano de trigo. Después de todo, éstas no son sino palabras. Para producir nuevos frutos es menester que el grano sea enterrado en el surco y muera.[9]

En el caso de José, su enterramiento en el pozo es en realidad una forma de muerte en vida que habrá de conducirlo, al cabo de un periodo de purificación, a un segundo nacimiento. Este mismo proceso de muerte y resurrección aparece descrito en *El hombre de luz en el sufismo iranio* de Henry Corbin como parte de un misticismo conocido y cultivado en Persia después de la instauración del Islam en esa región de Oriente próximo. En su reseña de los complejos mecanismos que al místico sufí conducían de un estado inferior a uno superior, basándose sobre todo en los escritos de Sohravardî y Najm Kobrâ y en el filósofo místico murciano Ibn 'Arabî, Corbin habla de un "pozo" donde el espíritu del peregrino tiene primero que orientarse antes de encontrar a su "hombre de luz". El Oriente, en el misticismo sufí, no se corresponde con el oriente geográfico sino con un norte vertical hacia donde el alma asciende buscando salir del hoyo en el que se encuentra. El "hombre de luz"

9. *José y sus hermanos*, "El joven José", t. II, 211.

no es otra cosa que un descubrimiento interior, que se produce luego de un combate y una serie de anagnórisis, durante la cual el individuo en crisis identifica su naturaleza inferior y sus demonios, antes de reconocer la luz que lo habita. La transformación espiritual que se produce al final de este proceso vendría siendo entonces una superposición de luz sobre luz que lleva al peregrino a salir finalmente de la prisión en la que se encuentra.

La alegoría sufí del pozo, que se encuentra en la novela de Thomas Mann sobre José y sus hermanos y que resulta fundamental para comprender el papel que desempeña este personaje dentro de la genealogía hebraica, es la misma que la *Isrá'* (el "viaje nocturno") del profeta Mahoma, que lo lleva a descender primero a un mundo subterráneo y después a ascender "de cielo en cielo hasta el 'Loto del Límite'". En otro contexto, el católico cristiano, se trata sin duda de la "noche oscura" de san Juan de la Cruz que le permite reelaborar en prisión el motivo mistérico del exilio en el "pozo" y el ascenso paulatino del alma a su unión definitiva con Dios. La luz que se presenta de manera sutil en los poemas de san Juan es la misma que se encuentra en los manuales de los místicos sufíes que estudia Corbin en las páginas de su libro: "El místico 've lo que el ojo no ha visto, oye lo que ningún oído ha oído, mientras que en su pensamiento se alzan pensamientos que nunca habían aparecido en el corazón del hombre', es decir, del hombre que se mantenía enterrado en el fondo de la existencia natural. Pues el *fuego-luz* del *dhikr* tiene por efecto volver clarividente en las tinieblas; esta clarividencia anuncia que el corazón se libera, emerge del *pozo* de la naturaleza" (*El hombre de luz en el sufismo iranio*, 90).

San Juan de la Cruz tiene una manera insuperable de entretejer esa misma paradoja a la que se refiere este pasaje del libro de Corbin sobre la claridad y la oscuridad de la noche. En el "Cantar de el alma que se goza de conocer a Dios por fe", escribe:

> Su claridad nunca es escurecida
> y sé que toda luz de ella es venida,
> aunque es de noche.

La luz de la iluminación, que en el misticismo sufí se reconoce como una luz que mana del cuerpo del *dhikr*, es decir, del "exiliado", procede de la noche y sin embargo la luz nunca vuelve hacia la noche, aunque el tiempo en que se produce la iluminación es el de la noche misma.

En sus comentarios al san Juan, Frank Zöllner dice que la luz que dimana del cuerpo de Juan (¿la noche moldea la luz o la luz moldea el valor absoluto de la noche o lo nocturno?) es la luz que se produce debido a la santidad de Juan y la proximidad de Dios. Si hemos de hacer caso a estas palabras, estaríamos hablando de la representación de un éxtasis místico, que a diferencia del *Éxtasis de Santa Teresa* de Bernini, se manifiesta a través de este convivio entre la luz y la sombra y la ironía que está presente en la sonrisa y en los ojos de Juan. El asceta, después de haber sido torturado y haber pasado por el "pozo" o la prisión de la que hablan los relatos de Sohravardî y Najm Kobrâ, ha reconocido su luz interior. En este sentido, el índice de Juan estaría apuntando al Oriente, es decir, al polo vertical donde se encuentra la salida del "pozo" donde yace; mientras que los dedos de su mano izquierda estarían, en efecto, apuntando a su interior, de donde dimana la revelación de la luz que lo habita y que lo ha transfigurado en el interior de su cárcel mundana.

Platón se refiere a esto mismo, en el *Fedón*, cuando por boca de Sócrates aduce que la filosofía es una constante preparación para la muerte y que sólo estando por completo separada del cuerpo, el alma puede aprehender la realidad de lo que es. En la víspera de su muerte, Sócrates conversa con Simmias y Cebes y trata de explicarles por qué no siente temor frente a su propia muerte sino, por el contrario, una cierta *ansia*: "Conque, en realidad, tenemos demostrado que, si alguna vez vamos a saber algo limpiamente, hay que separarse de él [el cuerpo] y hay que observar los objetos reales en sí con el alma por sí misma. Y entonces, según parece, obtendremos lo que deseamos y de lo que decimos que somos amantes, la sabiduría, una vez

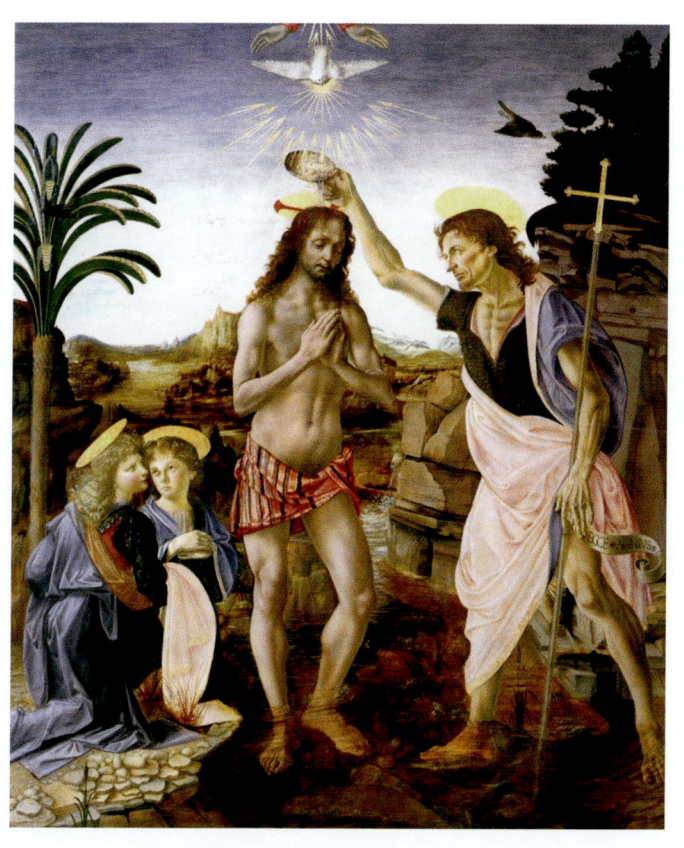

Andrea del Verrochio y Leonardo, *El bautismo de Cristo*,
c. 1470-1472 y c. 1475, 180 x 151.3 cm, óleo y tempera sobre álamo,
Galleria degli Uffizi, Florencia.

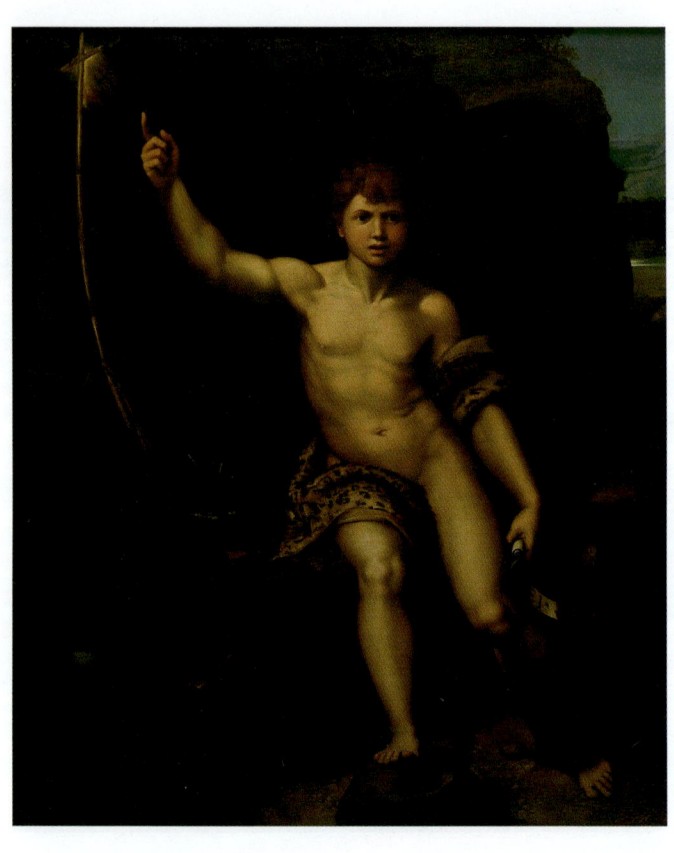

Rafael Sanzio y Giulio Romano, *Joven san Juan*,
1517-1520, óleo sobre tela, 165 x 147 cm,
Galleria degli Uffizi, Florencia.

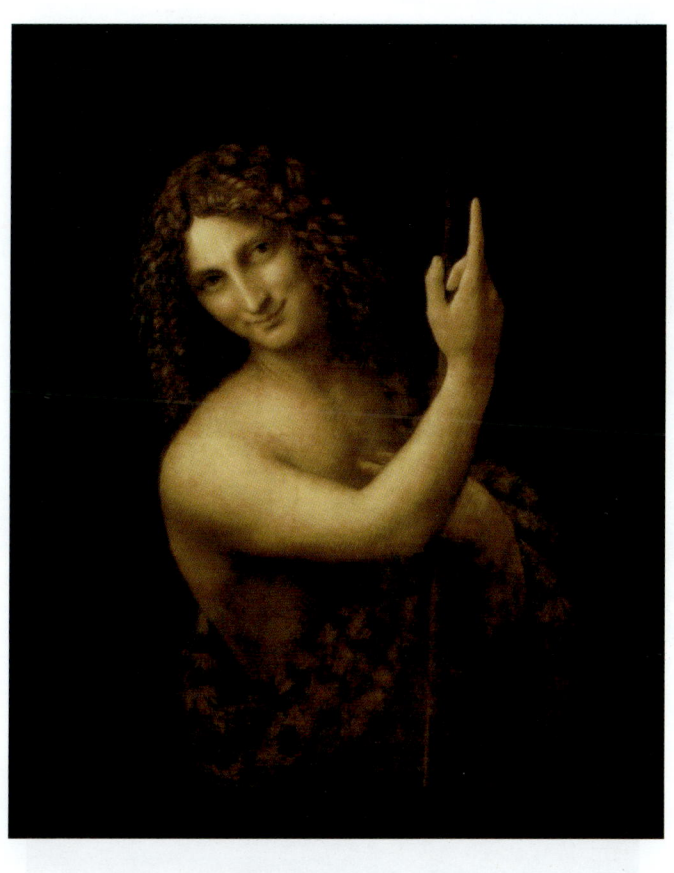

Leonardo, *San Juan Bautista*,
c. 1513-1516 (?), óleo sobre nogal, 69 x 57 cm,
Musée du Louvre, París.

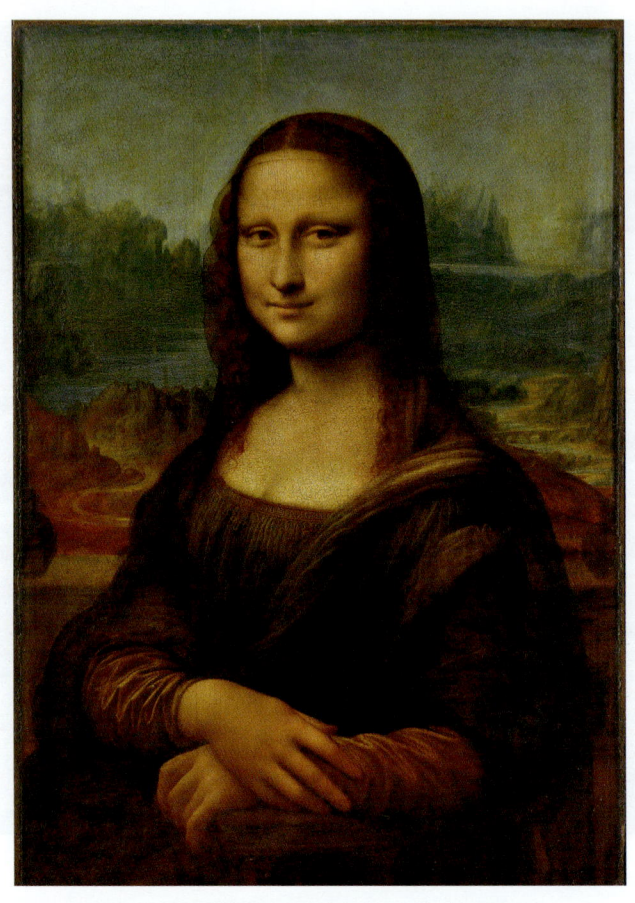

Leonardo, *Retrato de Lisa del Giocondo (Mona Lisa)*,
1503-1506 y después (1510?), óleo sobre álamo, 77 x 53 cm,
Musée du Louvre, París.

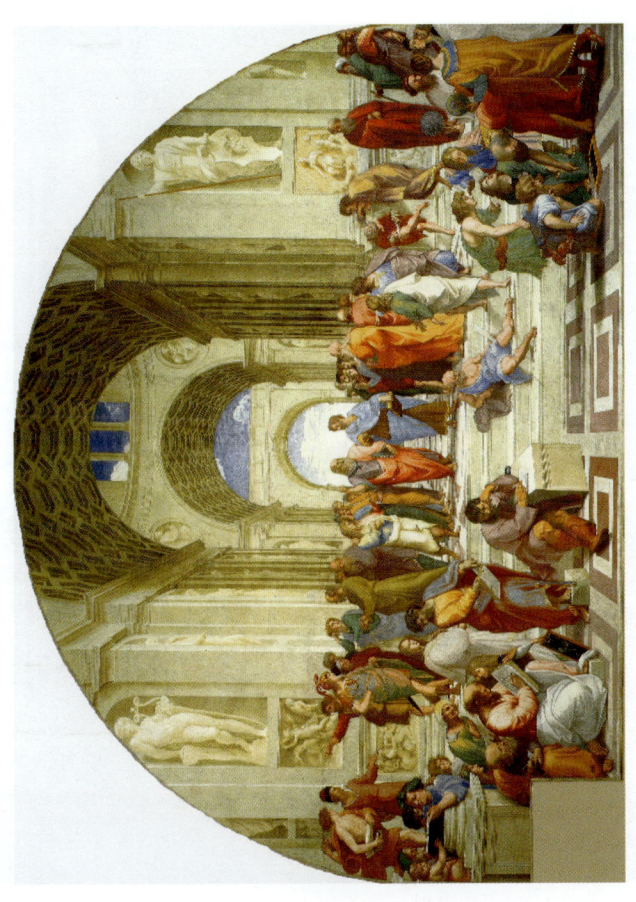

Rafael Sanzio, *La Escuela de Atenas*,
c. 1509-1511, fresco, 500 x 770 cm,
Musei Vaticani, Ciudad del Vaticano.

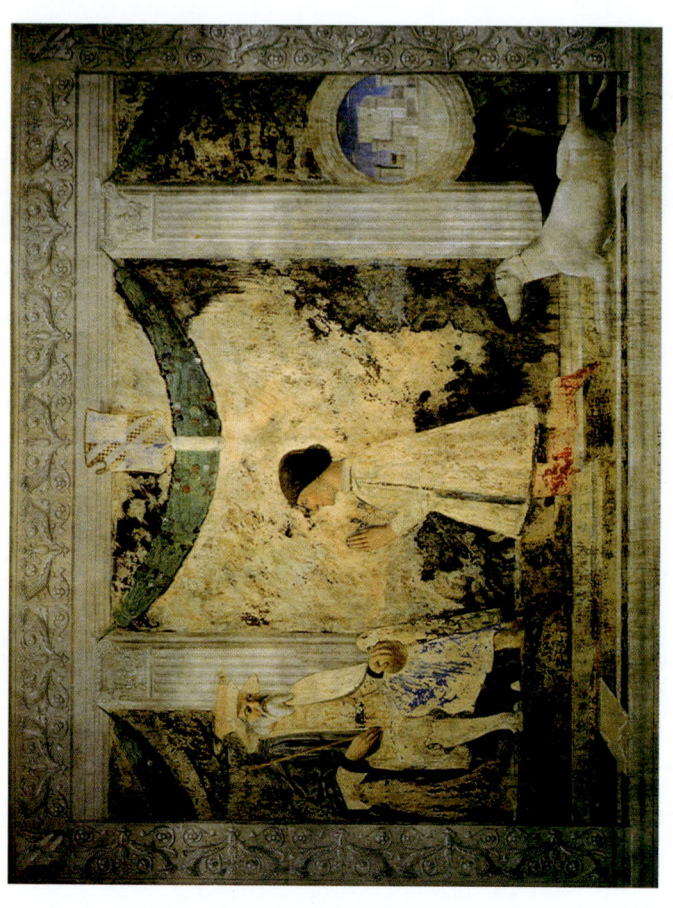

Piero della Francesca, *Segismundo Pandolfo Malatesta frente a san Segismundo*, 1451, fresco, 257 x 345 cm,
Tempio Malatestiano, Rímini.

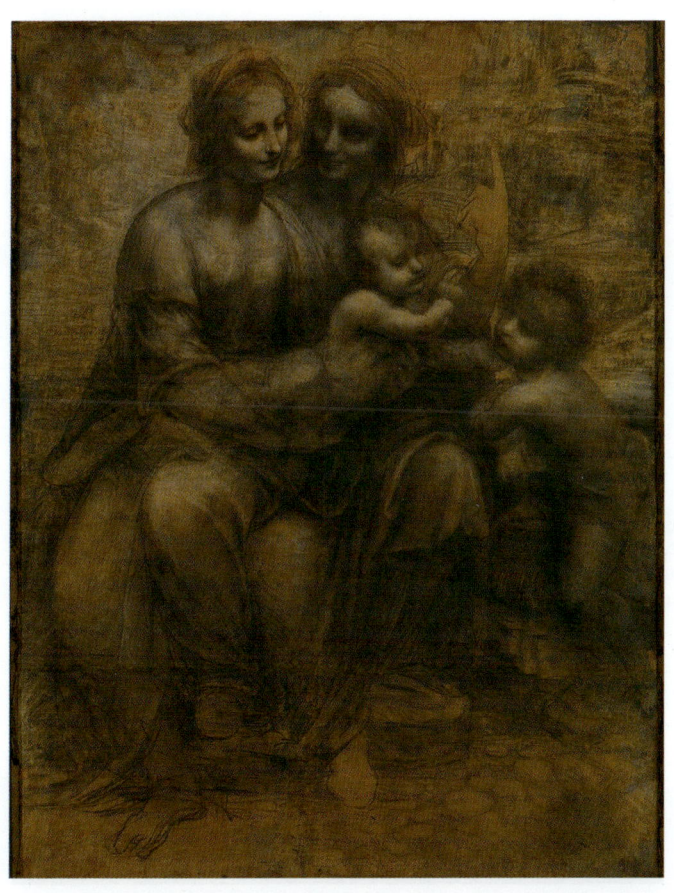

Leonardo, *La Virgen y el Niño, con Santa Ana y san Juanito*,
1499-1500, carboncillo sobre papel parduzco, montado sobre
lienzo, 141.5 x 106.5 cm, National Gallery, Londres.

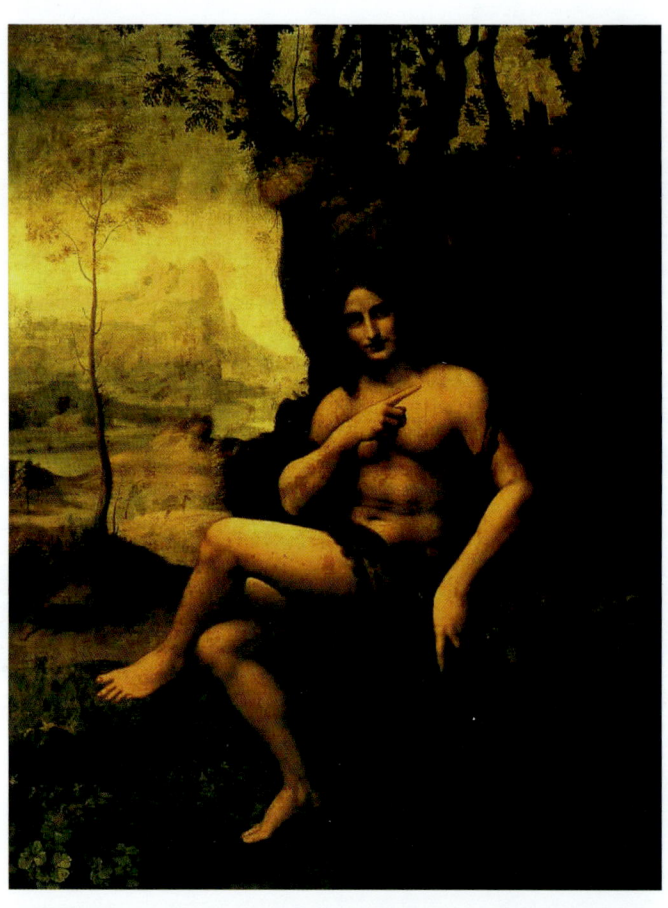

Taller de Leonardo, *San Juan Bautista (con los atributos de Baco)*,
c. 1513-1519, óleo sobre madera, transferido a lienzo, 177-115 cm,
Musée du Louvre, París.

que hayamos muerto, según indica nuestro razonamiento, pero no mientras vivimos". La distinción entre los sentidos sensibles y los suprasensibles, en el misticismo sufí, se parece a la distinción que establece Platón entre las percepciones de los sentidos corporales, contaminadas de impurezas, y las percepciones del alma. "Porque entonces el alma estará consigo misma separada del cuerpo, pero antes no. Y mientras vivimos, como ahora, según parece, estaremos más cerca del saber en la medida en que no tratemos ni nos asociemos con el cuerpo, a no ser en la estricta necesidad, y no nos contaminemos de la naturaleza suya, sino que nos purifiquemos de él, hasta que la divinidad misma nos libere." La separación de las necesidades y los placeres del cuerpo, tal como lo plantea Sócrates en los momentos finales de su vida, es una *áskesis*, que supone un distanciamiento de la vida mundana y una concentración en los asuntos del alma (en Platón, "asuntos del alma" se traduce en el pensamiento y su relación con las ideas). Como Juan o José, que conocieron la humillación, la cárcel y las vejaciones del cuerpo, Sócrates ha conocido la humillación y la cárcel y se encuentra en la víspera de su muerte, decretada por las leyes de Atenas. Sin embargo, para Sócrates, como para los profetas de la tradición judía, la prisión y la muerte no son un castigo sino una etapa necesaria en el camino del alma rumbo a la purificación del cuerpo. "Acaso lo verdadero, en realidad, sea una cierta purificación de todos esos sentimientos, y también la moderación y la justicia y la valentía, y que la misma sabiduría sea un rito purificador", dice Sócrates más adelante, insinuando la posibilidad de que el sacrificio se constituya como el espacio atávico en el cual se realice la ceremonia del desprendimiento del alma (eterna) del cuerpo (perecedero).[10]

En Leonardo, la ironía tiene la función metafísica de señalar la distancia que va del sujeto al objeto que está siendo estudiado. En todos sus cuadros, el objeto estudiado es la realidad de lo que miramos. O de lo que creemos que miramos, porque en el cuadro de Juan Leonardo está pintando el momento de una comprensión suprema: hecho a un lado el discurso, Juan ha comprendido la realidad inaprensible de las cosas y se ha librado de las cadenas que lo ataban a la caverna de las apariencias sensibles para salir finalmente a la luz de lo inhabitado y extinto. San Juan nos mira con una ternura infinita y nos indica con su gesto y su sonrisa que nuestro viaje ha terminado. Sus labios apenas están clausurados, expresando de esa forma el universo contenido en el silencio. Ni la palabra ni la imagen son el vehículo de nuestra trascendencia, sino algo imponderable que gravita en la conversación que Leonardo ha entablado con el Ángel.

10. *Fedón*, traducción de Carlos García Gual, en *Diálogos*, t. I, Gredos, 623-24, 627.

III. El ciervo sagrado

El viaje de Pletón a Ferrara y Florencia

En el famoso fresco de las estancias vaticanas que ahora conocemos como *La Escuela de Atenas* (1509-1510), Rafael representó a Leonardo como Platón, discutiendo, en el patio central de un espacio majestuoso (el Ágora), con su discípulo Aristóteles. El retrato de Leonardo es muy parecido a otras imágenes del pintor, como el "Autorretrato" que se encuentra en la Biblioteca Real de Turín y que representa a un anciano de cabello largo, cejas pobladas y barba luenga. El cabello largo es una reminiscencia de la juventud de Leonardo, caracterizada por una mirada severa -o melancólica- y una cabellera abundante y ondulada, que nosotros asociamos con el "Hombre de Vitruvio" o con el "filósofo que llora" de Bramante. También de aquella etapa juvenil eran las camisas rosadas y los sobretodos morados, que Rafael ha conservado en su fresco invirtiendo, por razones compositivas, el orden de las prendas.

Platón discute con Aristóteles y podemos imaginar de qué trata la conversación que mantienen los dos: Platón lleva el *Timeo* bajo el brazo izquierdo, y con el índice de su mano derecha apunta al Cielo. Ambos, muy probablemente, hablan de los temas contenidos en este libro, que están relacionados con el origen y la creación del universo, los dioses y los hombres. El cielo, cubierto apenas por unas nubes blancas, se aprecia al fondo, a través de un portal, y sirve para enmarcar las palabras de ambos personajes, reforzando así la índole metafísica y compleja de este coloquio.

Sin embargo, llegados a este punto, cabe hacernos un par de preguntas. ¿Por qué Rafael ha querido representar a Leonardo como Platón y por qué bajo su brazo ha colocado un libro con la etiqueta del *Timeo* en uno de sus cantos visibles? Para la historia del arte, la asociación entre Platón y Leonardo es una consecuencia natural del prestigio que alcanzó Leonardo en su tiempo como uno de los principales artistas del Renacimiento italiano, tan sólo superado, como pintor, en arte y técnica, por el propio Rafael. Sin embargo, el personaje que se encuentra detrás de la denominación de Aristóteles no se corresponde con esta cadena de prestigios (el artista de "carne y hueso" que pudo estar detrás de la máscara del autor de la *Ética a Nicómaco* podría ser un pintor menor, probablemente discípulo de Miguel Ángel, pero en este punto los historiadores no se han puesto de acuerdo y la mayor parte de las veces el hueco correspondiente a la identidad de esta figura se queda en blanco).[11]

Desde cierta perspectiva, podríamos afirmar que Platón contrasta su figura con la de Aristóteles en un aparente diálogo polémico porque, en los albores del Renacimiento, la filosofía de Aristóteles estaba íntimamente ligada, en un plano argumentativo no exento de contradicciones, a los pilares de la Cristiandad, mientras que la figura de Platón, en ese mismo contexto, era el portaestandarte de una herejía que se había pronunciado en los pasillos de los círculos más altos del poder político e intelectual de esa época. Con "herejía", si por tal entendemos una forma de pensamiento que se opone a los postulados y los dogmas de la religión cristiana, me refiero al resurgimiento del neoplatonismo en Europa, que se dio a partir de la visita del filósofo bizantino Gemisto Pletón a Ferrara y Florencia entre 1438 y 1439.

11. Se cree que el modelo para este retrato pudo ser Bastiano da Sangallo, discípulo de Miguel Ángel a quien se le atribuye el dibujo de *La batalla de Cascina*, gracias al cual conocemos el proyecto no realizado del fresco homónimo que Miguel Ángel ideó para el Salón de los Quinientos. En el muro contrario, Leonardo debía ejecutar al fresco el famoso proyecto inconcluso de *La batalla de Anghiari*, que conocemos gracias a un dibujo de Rubens. ¿Estaría Rafael refiriéndose a esta disputa entre el polímata Leonardo y el escultor Miguel Ángel, por mediación de su discípulo da Sangallo?

Pletón viajó en esos años como parte de una misión diplomática que buscaba unificar las iglesias de Oriente y Occidente. En realidad, la delegación bizantina que asistió a los concilios de Ferrara y Florencia, encabezada por el emperador Juan Paleólogo, tenía el propósito de llegar a un acuerdo que permitiera a un ejército conformado por las potencias europeas de Occidente viajar a Constantinopla y defender la capital de Bizancio del asedio turco. La desesperación de los gobernantes bizantinos era evidente: estaban acorralados y su tentativa casi que por tanto estaba condenada a fracasar. Roma veía con buenos ojos que Bizancio dejara de ser una amenaza plausible a su hegemonía política y que su helenismo se diluyera en las aguas procelosas del Islam. Desde ese punto de vista, el desdén de las potencias europeas a los reclamos de los bizantinos se presentó como una jugada maestra que acabó de enterrarle la puntilla a un "enemigo" que había crecido a expensas de Roma y que a lo largo de los siglos había adquirido una autonomía cultural, política y espiritual por demás preocupante.

Pero Gemisto Pletón tenía su propia agenda. Si el propósito de su delegación era lograr un acto de concordia entre los pueblos de Occidente en contra de las ambiciones expansionistas de los turcos, el suyo era introducir en Occidente el cultivo de una semilla discordante. Hasta entonces, Pletón tendría unos 83 años cuando viajó a

Ferrara y a Florencia para asistir a este concilio, el sabio bizantino se había consagrado al estudio de la filosofía platónica y neoplatónica de los primeros siglos de la Cristiandad, y a rastrear las fuentes sugeridas en los textos de los maestros. Las estructuras aglutinantes de formas de pensamiento y tradiciones aparentemente heteróclitas que podemos observar en los trabajos de filósofos posteriores, como Marsilio Ficino o Pico della Mirandola, muy probablemente son derivaciones de este primer programa diseñado por Pletón durante el tiempo que pasó en la Toscana italiana. Allí se encontró con Cosme de Médicis, y causó un profundo y perdurable impacto en el patriarca de la familia más poderosa de Florencia, quien le encomendó al hijo de su médico de cabecera, Marsilio Ficino, que se encargara de la fundación de la Academia Platónica de Florencia (1459). La fundación de la Academia florentina, de acuerdo con el plan y el mandato original de Cosme, no sólo fue una *translatio*, en el sentido medieval del término, sino una declaración de principios que afectó las esferas de la vida pública y privada de Florencia: como acto fundacional de la Academia, Cosme le encargó a Ficino que tradujera los *Diálogos* después de traducir el *Corpus hermeticum* de Hermes Trismegisto, siguiendo los manuscritos que recientemente habían sido encontrados en Macedonia, anteponiendo, así, la magia y el secreto a la divulgación propiamente dicha del conocimiento clásico que hasta entonces había perdurado en la capital de Bizancio y era prácticamente desconocido en Europa. De estas traducciones,[12] que podríamos calificar de esfuerzos monumentales, se derivó una de las mayores aportaciones de Ficino a la cultura de su tiempo: su *Teología platónica*, es decir, el tratado donde se perfila el contorno de una serie de preceptos que serían fundamentales para comprender a cabalidad el complejo tecnológico, político y espiritual que ahora conocemos como Renacimiento.

Sin embargo, no fue Cosme de Médicis el discípulo más entusiasta que conoció Pletón durante ese periodo que pasó en la Toscana, sino un condotiero que pertenecía a la familia más influyente de Rímini: Segismundo Pandolfo Malatesta. Ignoramos los detalles de dónde y cómo fue el primer encuentro entre el prócer de la familia Malatesta y Gemisto Pletón; sólo sabemos que la impresión fue honda y el trato continuado. ¿Qué fue lo que vio Pletón en Malatesta que lo llevó a convertirlo en su discípulo italiano más aventajado? No lo sabemos, ninguno de los dos dejó un testimonio por escrito que nos permitiera inferir las circunstancias y los motivos detrás de una devoción tan grande como la que Malatesta le profesó a Pletón en vida -y también en muerte. Si bien Malatesta no dejó testimonio por escrito, sí dejó algo que nos permite saber la forma en

---

12. Además de los *Diálogos* y el *Corpus hermeticum*, Ficino se encargó de traducir a Plotino y al Pseudo Dioniso.

que el pensamiento y la presencia de Pletón transformaron la vida de la Toscana en aquellos años.

Hacia 1447, ocho años después de la partida de su maestro en 1440, Malatesta llamó al arquitecto León Battista Alberti para que planificara la remodelación de la iglesia de san Francisco en Rímini. Supuestamente, Malatesta habría pensando en remodelar esta construcción para convertirla en un mausoleo, que hospedara sus restos y los de su amada esposa Isotta degli Atti. Sin embargo, lo que resultó finalmente, y se encontraba entre los planes reales del condotiero, era la proyección de un templo neoplatónico que rindiera tributo a su maestro Pletón. Alberti no fue el único artista notable que participó del proyecto malatestiano; a éste se sumaron el escultor Agostino di Duccio, quien hizo parte del complejo decorado de los interiores del templo, y el pintor Piero della Francesca, quien decoró con un fresco la capilla dedicada a la memoria de san Segismundo, rey de Borgoña.[13] Como escribió Luigi Orsini, en un libro dedicado al Templo Malastestiano en 1875, "Uno podría decir que este templo fue erigido como glorificación del Humanismo, ese espíritu pagano que, en el siglo XV, llenó el aire

13. Hay razones para suponer que san Segismundo, frente a quien está arrodillado Segismundo Pandolfo Malatesta en el fresco de Piero della Francesca, es en realidad Gemisto Pletón, a quien Malatesta le estaría rindiendo homenaje como introductor de la corriente neoplatónica en la Italia del Renacimiento.

y animó las vidas de los grandes hombres que duermen ahí en las tumbas con las cuales el Señor de Rímini deseó rodear la suya propia". Trece años después de la muerte de Pletón, en 1465, Malatesta unió sus fuerzas a las del ejército veneciano para desplazar a los turcos de la península del Peloponeso, y aprovechó esta coyuntura para rescatar el cuerpo de su maestro, enterrado en la ciudad de Morea. Malatesta exhumó los restos de Pletón y los llevó a Rímini, donde se conservan en una tumba próxima a la suya.

El *Timeo* de Leonardo

La *Escuela de Atenas*, como podría parecer a simple vista, no es solamente la representación compleja de las diferentes tendencias del pensamiento, y las diferentes capas históricas, que informaron el panorama de la filosofía griega. El fresco de Rafael también podría interpretarse como la representación de las tensiones que ocuparon la escena central del pensamiento y el discurso político de su tiempo. La polémica que sostienen Platón y Aristóteles en este fresco con mucho recuerda a la polémica desatada por Pletón durante su estancia en Florencia sobre las diferencias entre ambos filósofos. En la obra de Rafael, Platón, con el dedo índice apuntando al Cielo, nos remite a las cosas que se dirimen en el reino de lo trascendental, mientras que la sobriedad de Aristóteles y su mano derecha, extendida sobre la superficie de la tierra, nos remite a los intereses y sujeciones del hombre a lo terrenal. Dos mundos parecen confrontarse en esta pintura: por un lado, el Occidente medieval católico (representado por la la figura de Aristóteles) y por el otro un nuevo mundo, regulado por los emblemas de una modernidad renacentista que se alimentaba de una espiritualidad venida del Oriente.

Es importante, sin embargo, notar la contradicción que se encuentra implícita en esta controversial nomenclatura. El Renacimiento se gestó a partir de un resurgimiento de ideas y corrientes de pensamiento que habían caído en descrédito durante la Edad Media, o que de plano habían sido olvidadas y marginadas por no convenir a los intereses y "astucias" que conformaron el cimiento de la Iglesia católica en Occidente. Si las obras de Plotino, Proclo, el Pseudo Dioniso y Damascio fueron ampliamente discutidas durante el periodo en que se consolidó el catolicismo europeo, es decir, durante los ochocientos años que van de las *Confesiones* de San Agustín a la *Suma teológica* de Santo Tomás, la incomodidad que provocaban terminó por convertirlas en parte de una corriente subterránea que encontró una línea de continuidad y flotación en Constantinopla, entre otros motivos, debido a la proximidad que esta capital imperial y sus provincias tenían con las culturas griega e islámica. El Renacimiento promovido por Gemisto Pletón era un regreso a las fuentes de una civilización con una inercia y una fuerza germinativa ya muy contrastada. Si los planes de la delegación de la que formaba parte, y que en el fondo no deseaba otra cosa sino la supervivencia de Bizancio frente al asedio del imperio otomano, fracasaron de manera rotunda, Pletón tuvo éxito transplantando las semillas del pensamiento neoplatónico en Europa. A la restitución de estas semillas, que se habían conservado en el Oriente y que entonces volvían a Occidente en un acto de restitución, es a lo que nos referimos cuando hablamos de un Re-nacimiento.[14]

Los historiadores todavía se preguntan cómo fue que Rafael pudo concebir una escena tan compleja como *La Escuela de Atenas*, que requería de un conocimiento vasto y profundo de la filosofía griega y, en particular, del *Protágoras* de Platón. Glenn W. Most, en un ensayo sobre *La Escuela de Atenas*, propone que la obra, a nivel compositivo y simbólico, puede leerse como una prologanción,

14. En el *Fedón*, Sócrates conversa en la cárcel con los tebanos Simmias y Cebes sobre la inmortalidad del alma y lo perecedero del cuerpo en la víspera de su propia muerte. Sócrates propone por tanto una teoría de la reencarnación y el conocimiento basado en la existencia de vidas previas, que vuelven el acto de conocer una forma de recordar lo que ya nos habitaba. El renacimiento que patrocinó la familia Médicis a mediados del siglo XV en la ciudad de Florencia sería, por tanto, la interpretación y metamorfosis de un movimiento espiritual que previamente había ocurrido en la Grecia de Platón y Aristóteles en el siglo V a. C.

casi una calca, de uno de los pasajes iniciales de este libro. Rafael, nos dice el profesor Most, no sabía el latín suficiente para leer la traducción de Ficino de los *Diálogos* que se había publicado en 1484 (el original en griego se publicó hasta 1513 y, en todo caso, Rafael tampoco sabía nada de griego), por lo que Rafael debió trabajar siguiendo las indicaciones de un intermediario (Most propone al filósofo y teólogo Gil de Viterbo como el candidato idóneo para este papel). Rafael, nos dice el profesor Most, debió trabajar a través de un intérprete que le ayudara a diseñar la composición de la obra. Sin embargo, esta última proposición resulta tan poco creíble como la anterior. No sabemos cuáles pudieron haber sido las circunstancias y los detalles que hicieron posible el encuentro de Rafael con Ficino o con cualquier otro miembro de la Academia florentina. Pero mientras más estudiamos este fresco, mejor comprendemos el nivel de coherencia que guardan las partes con el todo. Nada en él parece liberado al azar. ¿Podríamos pensar entonces que *La Escuela de Atenas* es la representación del diálogo polémico que comenzó a escucharse y a percibirse con fuerza desde la llegada de la delegación bizantina al congreso de Ferrara en 1438, y que puso de relieve la contienda implícita de una falange intelectual europea racionalista y otra falange espiritual cuyo epicentro estaba en el Oriente? Podríamos, pero esto no acaba de satisfacer nuestra curiosidad más profunda.

Más allá de lo sorprendente que pueda resultar esta afirmación, las preguntas de por qué Rafael representó a Platón como Leonardo y por qué colocó el *Timeo* bajo su brazo siguen provocándonos con la fuerza de un mandato. Nada más natural que buscar en el texto del *Timeo* las respuestas.

a) El *Timeo* es uno de los libros más célebres de los *Diálogos* por contener, entre otras, la historia -apenas vislumbrada o sugerida- de una civilización que probablemente se perdió sumergida bajo las aguas del Atlántico después de un cataclismo. El testimonio de la existencia de un continente y una civilización que fueron destruidos por voluntad de los dioses importa sobre todo porque en él se halla contenida de manera implícita la idea de una destrucción cíclica de las civilizaciones del hombre y de su renacimiento bajo formas necesariamente primitivas. El eterno retorno de lo mismo y la inmortalidad del alma reverberan en este relato que forma parte preliminar de la reflexión metafísica de Timeo sobre la formación del mundo visible y la unión del cuerpo con el alma a partir de la fusión de cuatro elementos: tierra, aire, agua y fuego.

b) La esfera aparece varias veces en el *Timeo* como expresión de la perfección formal que puede alcanzar el cuerpo visible de la creación en la tierra, o incluso fuera de ella. Así, es posible hablar de un sistema de correspondencias entre los astros, los planetas y las cabezas, residencia de lo espiritual en el hombre: "Para imitar la figura del universo circular, ataron las dos revoluciones divinas a un cuerpo esférico, al que en la actualidad llamamos cabeza, el más divino y el que gobierna todo lo que hay en nosotros". Nótese la concordancia entre esta afirmación: "Por eso, el cuerpo recibió una extensión y, cuando Dios concibió su modo de traslación, le nacieron cuatro miembros extensibles y flexibles con cuya ayuda y sostén llegó a ser capaz de marchar por todas partes con la morada de lo más divino y sagrado encima de nosotros" y el gesto de Leonardo en *La Escuela de Atenas*, que apunta con el índice de la mano derecha hacia el Cielo, señalando a la divinidad que nos habita o que se encuentra "detrás" -o más allá- de las cosas visibles.

c) Por último, para terminar con este brevísimo recuento, en el *Timeo* se encuentra la afirmación razonada de la supremacía del sentido de la vista y lo visual por encima de los otros sentidos. Leonardo habría pensado que esto concordaba con su entendimiento de que la pintura se encontraba por encima de la palabra escrita como instrumento de conocimiento y método para llegar a la verdad. Así, en el texto leemos: "Ciertamente, la vista, según mi entender, es causa de nuestro provecho más importante, porque ninguno de los discursos actuales acerca del universo hubiera sido hecho nunca si no viéramos los cuerpos celestes ni el sol ni el cielo. En realidad, la visión del día, la noche, los meses, los periodos anuales, los equinoccios y los giros astrales no sólo dan lugar al número, sino que éstos nos dieron también la noción de tiempo y la investigación de la naturaleza del universo, de lo que nos procuramos la filosofía. Al género humano nunca llegó ni llegará un don divino mejor que éste. Por tal afirmo que éste es el mayor bien de los ojos. [...] Por nuestra parte, digamos que la visión fue producida con la siguiente finalidad: dios descubrió la mirada y nos hizo un presente con ella para que la observación de las revoluciones de la inteligencia en el cielo nos permitiera aplicarlas a las de nuestro entendimiento, que les son afines..." Aquí se encuentra precisamente la formulación de que todo lo que acontece dentro acontence también afuera de nosotros, como si dijéramos que el universo interior es un reflejo del universo exterior. También habría que notar, por último, la preeminencia del Cielo -la morada de los cuerpos celestes- a lo largo de este discurso sobre la formación de las cosas visibles y la manera de llegar a su trasunto, lo invisible.

Así las cosas, Rafael podría estar sugiriendo, a través de los postulados de este fresco, la gran paradoja que se encuentra detrás de la forma en que tradicionalmente ha sido tratada la filosofía de Platón: como el origen del racionalismo, cuando en realidad las influencias que subyacen en sus planteamientos dialógicos tienen que ver con criterios y divergencias que parecen ocupar el lugar destinado a la sombra en la historia de la racionalidad en Occidente.

La imagen del ciervo

Quisiera terminar este repaso de los nexos de la figura y la obra de Leonardo con el neoplatonismo florentino -porque de eso estamos hablando, de los nexos de la filosofía de Platón con el Oriente y de los nexos del pensamiento pictórico de Leonardo con esa misma dimensión de lo sensible- refiriéndome a dos cuadros de la última etapa creativa de Leonardo, el *San Juan* (1513-1516) y el *San Juan con los atributos de Baco* (1513-1519), este último debido al taller de Leonardo, que seguramente trabajó sobre una idea original del maestro.

El *San Juan* fue la última pintura concluida de Leonardo. La comenzó en Milán y la llevó consigo a su exilio en Francia, en el castillo de Clos Lucé. En la obra aparece un san Juan ataviado con pieles, como corresponde a su condición de anacoreta , y porta además un báculo, que remata una cruz recargada entre un hombro y su brazo izquierdo (el lado de la sombra). Las señales de sus manos han sido interpretadas tradicionalmente como el reconocimiento de aquel que viene detrás (motivo por el que se apunta al pecho con el índice y el dedo medio de su mano izquierda) y el reino de los cielos, a donde está apuntando claramente con el índice de su mano derecha. Este último gesto es el mismo que identifica a Leonardo con Platón en *La Escuela de Atenas* y es el mismo de la Santa Ana que aparece dibujada en el cartón de la Casa Burlington. San Juan tiene la misma cabellera abundante y rizada de Leonardo en sus años de juventud, y la enigmática sonrisa de su rostro recuerda a la de la Mona Lisa. Sin embargo, la sonrisa del san Juan es mucho más aquiescente o lasciva. Recuerda, en todo caso, a una puerta que se abre, pero que se abre ¿adónde? A lo largo de su vida, Leonardo meditó sobre la figura de san Juan, de tal suerte que su pintura podría verse como una meditación, inconstante pero ciertamente sostenida, sobre este personaje. El Bautista aparece en el primero de los cuadros que se le han atribuido a Leonardo, aquel que realizó junto a su maestro, Verrochio, y en el que pintó a un ángel que, según la leyenda, provocó que su maestro colgara los pinceles luego de constatar el talento y el alcance de su entonces discípulo. San Juan niño reaparece en las dos versiones de *La Virgen de las Rocas* y en el dibujo que durante años llevó el nombre de la familia en cuya propiedad se encontró la obra antes de ser incorporada al acervo de la National Gallery (*La Virgen y el Niño, con Santa Ana y san Juanito*, 1499-1500). El San Juan de sus últimos años semeja sin embargo un andrógino, una figura en la que confluyen los dos sexos, hombre y mujer, y que forma parte crucial de la simbología alquímica (la unión de los contrarios y el Uno indiviso de los *Diálogos*). El torso de san Juan parece emerger de la sombra que lo rodea y una luz que emana de su interior ilumina su cara y su torso.

Una pintura posterior, que terminaron muy probablemente los discípulos del taller de Leonardo el año de la muerte de su maestro, representa a este mismo personaje, pero ya fuera del contraste entre la luz y la sombra que le daba a aquella pintura un carácter abiertamente mistérico. San Juan ahora se encuentra "a la intemperie". Sería más apropiado decir que se encuentra en medio de la vastedad, o *wilderness*,[15] de acuerdo con el significado que de esta palabra podemos encontrar en Shakespeare, en el *Rey*

15. En 1922, Eliot ensayó una *translatio* de este término como *yermo* o *baldío* (*waste land*), tratando de conservar sus resonancias medievales artúricas -es el páramo a donde se exilia el guerrero en busca de su propia esencia o dignidad, antes de enfrentar su *fatum* -que viene del verbo *fari*, que en latín significa *hablar*. Así, el significado primitivo de nuestra palabra *fatídico* se remontaría a "lo dicho" o "lo pronosticado" en los oráculos.

Lear:[16] no es propiamente la naturaleza, sino "lo real", es decir, la proyección de lo consciente humano en la escena de lo real fatídico. San Juan o Baco está sentado sobre lo que podría ser la carcasa de un árbol (la estructura está demasiada oscurecida para que podamos discernir de qué se trata con exactitud). En un inquietante juego de correspondencias especulares, la pierna izquierda del modelo está cruzada sobre la derecha y el índice de la mano izquierda, esta vez, apunta al suelo, mientras que el índice de la derecha lo hace a un lugar indeterminado que se encuentra en un ángulo de 45 grados, en la espesura, en la parte sombría del cuadro. Una luz dorada, crepuscular, ilumina la otra mitad de la pintura. San Juan está apenas cubierto por una piel de animal que cubre su sexo y podríamos decir que prácticamente la figura está desnuda. Al fondo hay una montaña y, más cerca de nosotros, un árbol solitario; y a la sombra de este árbol se encuentra, recostado, un ciervo. El cuerpo del animal, que descansa en la sombra, rodeado de silencio, parece un eco de la figura de Juan, que a estas alturas de nuestra relación ha dejado de ser san Juan para revelársenos como lo que verdaderamente es: el dios Baco del panteón romano o el *Dionisos* -el renacido- de los griegos. Esa misma deidad que repre-

16. Me refiero a la escena climática de la obra (Act. III, esc. ii), en la que Lear, en compañía de su bufón, se enfrenta a los elementos, despojado de su investidura "real" y de la razón.

senta nuestra liberación a las fuerzas de nuestra propia naturaleza, impredecible y enigmática, que ronda en el mundo de los vivos, pero que también puede transitar al mundo de los muertos.

El ciervo era uno de los animales identificados con los atributos de Dioniso, de tal suerte que la presencia del ciervo delataba la presencia del dios. Más que aparecer en este cuadro como una fuente de poder sobrenatural, el venado estaría cumpliendo la función de simbolizar el tránsito entre el mundo de los vivos y el mundo de los muertos, en una pintura que estaría refiriéndose a eso precisamente, a un cambio de estado entre lo vivo o lo vigente y lo muerto o indeterminado. Además de la antinomia de la luz y la sombra, que asociamos tradicionalmente a la pintura de Leonardo, en este cuadro se vinculan también de manera dialéctica la realidad de lo visible -que asociamos con una percepción consciente de las cosas- y la realidad de lo invisible, que asociamos con la vastedad sin espacio ni medida temporal de lo inconsciente: es el desierto de los Evangelios, al que recurren los profetas en busca de una purificación del alma y el cuerpo; es el yermo de las leyendas artúricas, en donde se interna el héroe o el guerrero antes de enfrentarse a su destino; es la selva de Dante y de Milton y la vastedad de Shakespeare. ¿Es éste el significado de la pose de san Juan, o de Baco, que está sentado sobre el tronco cercenado de un árbol, como si nos indicara el lugar exacto donde se encuentra la zona limítrofe entre el reino de lo vivo y el de lo muerto? Podría ser, de la misma forma en que pudiera ser que Leonardo, en sus especulaciones metafísicas, hubiera llegado más allá incluso que su maestro, el filósofo Ficino, en sus especulaciones sobre la inmortalidad del alma y la relación de ésta no sólo con la identidad individual sino con el cuerpo. No creo que en Leonardo importara tanto la pervivencia de la identidad y la conciencia individual después de la muerte, sino el hecho incontestable de la muerte en sí de todo aquello que está vivo. En este cuadro, y en el cuadro inmediatamente anterior a la ejecución de éste, el *San Juan*, Leonardo parece consciente de que el momento de migrar ha llegado. Y lo que hay en esta obra no es miedo o arrepentimiento o emociones encontradas que pudieran dirimirse en el dominio de la moralidad: hay una perplejidad y una apertura, como si el artista quisiera expresar el carácter ambiguo que puede llegar a tener la muerte en la vida de un individuo que ha consagrado prácticamente todo su tiempo al acto de conocer y desentrañar lo que hay más allá de la experiencia sensible de las cosas. En Leonardo, los sentidos comportan un engaño ineludible. Para él, la única forma de llegar a la revelación es a través de lo que Kant denominaba el Juicio: el desarrollo de una forma consciente de aprehender e interpretar la realidad de las cosas. Como *philosophos* y artista, lo que busca entonces es una forma de expandir la conciencia y así poder penetrar en la condición rocosa de todo misterio que se presenta, en primera instancia, como un desafío a los sentidos y en un segundo nivel, como un problema insoluble para la inteligencia.

Contra el brazo de Juan, ya no reposa el cayado con el remate de la cruz en la punta, sino el tirso, que los pastores y los campesinos de Grecia usaban para recolectar hierbas y hongos. El tirso y la piel moteada de un felino salvaje para cubrir la cintura de Baco podría interpretarse como un retorno, en la obra de Leonardo, así como fue continuada por sus discípulos, a los orígenes paganos de la cultura cristiana, que constituye uno de los temas recurrentes no sólo en la pintura de Leonardo sino en la obra de sus contemporáneos, debido, como ya hemos dicho, a la cercanía de los artistas formados en Florencia en la segunda mitad del siglo XV con la Academia florentina. El tirso no sólo sugiere la identidad del personaje que se encuentra reclinado en una posición incómoda sobre una roca o un tocón de madera desleído por el paso del tiempo, sino que esta herramienta propia de herbolarios sugiere en realidad una oposición entre lo cultivado y lo selvático, que no es otra cosa sino la transición que va de un estado primitivo a facetas más sofisticadas de civilización y cultura. Las plantas que crecen a los pies de Dioniso podrían ser, por tanto, hiedra, que en un contexto relativo a rituales dionisiacos tiene una valencia contraria al crecimiento de la vid. No sería extraño que el bosque que crece a la orilla del risco, sobre la cabeza de Dioniso, fuera de vid; así, la vid se encontraría en el ángulo superior derecho del cuadro[17] y la hiedra en el inferior izquierdo, asociándose aquélla a lo estelar y supra-sensible y ésta a los santuarios consagrados al culto de los muertos y los dioses del subsuelo. Como eje vinculante de ambos mundos, aparece entonces la figura de Baco, que una época del año se encuentra en la parte alta de las mon-tañas (en forma de vid) y en la otra parte del año en las pro-fundidades rocosas del subsuelo (en forma de hiedra, cuya etimología se remonta a la palabra griega *kissos*, que figura entre uno de los posibles significados de Nisa, el lugar donde creció Dioniso).[18]

En el curso de sus investigaciones sobre los hongos ente-ogénicos que podrían esconderse tras la identidad del soma (en el Rig Veda principalmente, pero en general en los cimientos germinativos de las culturas indoeuropeas), Gordon Wasson y Carl A. P. Ruck encontraron similitudes entre los significados de estos emblemas y las característi-cas ctónicas de Dioniso como uno de los ejes principales de un culto mistérico. De hecho, la sola presencia del dios

17. Los árboles que crecen a la orilla del precipio, de hecho, tienen forma fálica y sus raíces expuestas -inverosímiles desde un punto de vista estrictamente naturalista- parecen brotes de una sola bolsa testicular.

18. *Cf.* Carl A. P. Ruck, "Lo silvestre y lo cultivado", en *La búsqueda de Perséfone*, 236.

estaba emparentada, en el imaginario cultural helénico, con el brote de los hongos al pie de unos árboles que podrían ser abedules o abetos o pinos. Estos hongos que crecen al pie de estos árboles pertenecían al género de la *amanita muscaria* y se usaban, según conjeturas de estos investigadores, para producir en los feligreses inciados en el misterio el fenómeno de la *autopsia*: es decir, el reconocimiento, en uno mismo, de los secretos potenciales del cosmos a partir de la ingestión de una pócima hecha de menta, cebada y agua. Estos tres ingredientes no son suficientes para provocar la visión interna de un dios (tal es el significado de la palabra enteogénico, que Wasson prefería a la de alucinógeno para referirse al efecto de ciertas plantas y hongos); por tanto, en sus pesquisas, los profesores Wasson y Ruck encontraron evidencia de que todo eso se mezclaba a un hongo parasitario que crece en el cereal y lleva por nombre *cornezuelo*.

Al fondo del paisaje donde la figura de Dioniso parece repercutir como un eco en los emblemas del venado y del árbol solitario que se yergue sobre un promontorio, se encuentran más evidencias de que Leonardo estaba plenamente consciente de esta cadena de asociaciones. El árbol, de hecho, podría ser un abeto, a cuya sombra crece la *amanita muscaria*. Más allá, dispersos en la niebla, parece haber otro ciervo, sin cuernos en la testa, y otros árboles; y más allá, en plena resonancia con la figura de Baco, una montaña parece flotar entre la bruma, como si se alimentara del recorrido sinuoso del lago. El nombre de Baco proviene del griego *bakkhoi*, que significa "rama sagrada", y en la pintura del taller de Leonardo el *thyrso* de Baco parece un reflejo especular del árbol que crece en solitario sobre el promontorio, de la misma forma en que el ciervo parece la proyección eidética del mismo Baco. Es más: es muy probable que éste esté apuntando a su báculo, refiriéndose a su carácter sagrado y completando de alguna manera el círculo perfecto del retruécano visual que Leonardo ha estado construyendo.

Con esta obra, Leonardo estaba dejando en claro el conocimiento profundo que tenía de la revelación paralela que asociamos al resurgimiento del neoplatonismo en la Toscana italiana durante la segunda mitad del siglo XV. La ingestión de sustancias enteogénicas como parte de una estrategia para expandir el rango de la percepción y la conciencia pudo estar incluida en el repertorio de estas prácticas. Pero también y sobre todo estos símbolos, condensados en la figura de Dioniso, podrían estar haciendo alusión a la muerte de Leonardo y a su concepción de la muerte como tránsito o migración del alma hacia regiones necesariamente desconocidas. El de la muerte bien pudo haber sido uno de los misterios que se revelaba durante la ingestión de la pócima que contenía al cornezuelo y los ácidos que de él se liberaban en la sangre y el cerebro, provocando en el viandante el fenómeno de la *autopsia*.[19] Pero de esto nadie podía hablar, ni mucho menos escribir, porque la experiencia trascendía el ámbito de lo narrable a través de la sombra y las vaguedades del discurso. Técnicamente, el cuadro está pintado para producir en el espectador la sensación de ingresar en la atmósfera de un sueño, donde los valores simbólicos de la realidad se perciben con tanta evidencia como cuando, durante la vigilia, se procesa una serie de datos más bien banales o contingentes al significado de la experiencia que se nos está ofreciendo. En el sueño, lo esencial es lo evidente. Con las limitaciones que Leonardo mismo observaba en la pintura, en el afán, no de representar la realidad, sino de volver comunicable la experiencia, ¿Leonardo querría que los espectadores de su obra experimentaran algo similar a lo que sucede en el interior de una persona después del consumo de un enteógeno? La sola mención del *cuerpo* es ya una invitación a participar de esa otra dimensión de la existencia de la que habla E. R. Dodds en su libro sobre lo irracional y lo griego: el reconocimiento, en lo humano, de la presencia de lo que no es posible abarcar mediante los mecanismos de la racionalidad. Tal es el motivo que podría estar oculto detrás de la mención reiterada a la figura de Dioniso en la obra de

19. Como de hecho puede suceder, según testigos, con la ayahuasca, un poderoso alucinógeno que se consume en la región de la Amazonia compartida por Perú, Ecuador, Colombia y Brasil.

Leonardo: las razones de lo inconsciente como parte sustantiva del discurso en el que se van desplegando los hechos más significativos de nuestra existencia.

En un pasaje de *Los dos nacimientos de Dionisio*, un libro dedicado casi en su totalidad a reseñar las relaciones que los hombres han establecido con los hongos enteogénicos a lo largo de su historia, Robert Graves recupera un sentido en el que *nombrar* es equivalente a *destruir*. Refiriéndose a las deidades femeninas europeas que fueron desplazadas paulatinamente por dioses masculinos provenientes del Asia a partir del segundo milenio antes de Cristo, Robert Graves refiere la existencia de una comunidad improbable que carecía de nombre, para que cuando llegaran los pueblos enemigos y quisieran dominarla a partir del conocimiento de estos nombres sagrados, no pudiera efectuarse el acto de su apropiación, conquista y eventual desvanecimiento:

Sólo queda lo que según rumores parece ser la *obosom*[20] más poderosa de todas; protege a un clan sin nombre y sin organización que existe desde tiempos inmemoriales y cuyos miembros se refieren a sí mismos como simplemente "Nosotros" y no tiene ningún origen ni historia conocida. La

20. El *obosom* era una diosa lunar que seguramente se encuentra en el origen del estudio que emprendió el mismo Robert Graves en un libro anterior sobre *La diosa blanca* (1948).

gente "Nosotros", amos de sí mismos e incapaces de decepción, se reconocen inmediatamente sin ningún intercambio de signos secretos y juntan sus fuerzas para ejecutar cualquier trabajo que su encuentro aparentemente accidental les ha impuesto. Este *obosom* no tiene nombre, porque nombrar es definir, definir es analizar y analizar es destruir ("Diosas y *obosoms*", 96-97).

Entre los tenochcas y tlatelolcas del valle de Anáhuac había una tradición similar, que consistía en dotar a la persona, cuando nacía, de dos nombres, uno sagrado y oculto y otro para su comercio cotidiano con los demás. Existía entre ellos la creencia de que si el nombre sagrado era conocido por otro, esto incrementaba el grado de vulnerabilidad del comerciante, el agricultor o el guerrero y podría incluso conducirlo a su muerte. En Leonardo, la cuestión de los nombres y del pensamiento se desarrolla dentro de dos espirales que corren de manera paralela pero sin contaminarse la una a la otra; una espiral es esotérica y la otra exóterica propiamente dicho. Su pensamiento más complejo y verdadero estaba reservado para la pintura, constructora de la *imago*, que consideraba por encima de cualquiera de las posibilidades expresivas del pensamiento en su dimensión verbal. Y por otro lado estaban sus cuadernos y el ejercicio de una forma de escritura que no corría el riesgo de saberse corrompida por el simple hecho de no contener la expresión de una forma auténtica o compleja de pensamiento puro. En esto, es probable que Leonardo se dejara llevar por el ejemplo de un profeta que aparece desde el primero de los cuadros que se le atribuyeron hasta el último. Me refiero a la figura de Juan el Bautista, que según ciertas interpretaciones primitivas de los evangelios, prefirió descender a la oscuridad de la casa de los muertos para que el que venía detrás de él pudiera ascender a los dominios de la luz y el reconocimiento público ("Es preciso que él crezca y que yo disminuya", Juan 3: 30). La decisión de Juan de ocupar un lugar secundario y morir voluntariamente en ese punto particular de su historia, luego de haber anunciado la llegada de Jesús a los escenarios donde se llevaría a cabo la difusión de su doctrina, podría tener que ver con una concepción de la muerte como un ámbito de iniciación y conocimiento que ha cancelado, y por lo tanto trascendido, las limitaciones del discurso racional. Sólo aquello que se nombra puede ser destruido, parece decir Juan a través de la pintura de Leonardo; y sólo aquel que viaja a la morada de los muertos puede renacer transformado en un sujeto de conocimiento.

Durante el periodo en que Juan predicó y recuperó el viejo ritual del bautismo, tuvo seguidores y discípulos. Después de su muerte se habría formado una secta, conocida con el nombre de los Juanistas. Sin embargo son pocos los rastros que sobreviven de aquella comunidad. En el final de "Herodías", Flaubert sugiere su existencia, cuando los discípulos de Juan acuden al palacio de Herodes Antipas para recuperar la cabeza del profeta, que habría sido servida en una bandeja como regalo para la joven Salomé. La cabeza de Juan, separada de su cuerpo, recuerda la cabeza de Orfeo, que aún desprendida de él siguió viva, hasta que fue instalada en un santuario, en Lesbos, donde se habría convertido en objeto de culto. Juan, al igual que Orfeo, habría sido el fundador de una secta religiosa y ambos estarían relacionados, por su historia y su destino, con los misterios de la muerte y la resurrección.

Con los años, la obra de Leonardo se fue convirtiendo en una afirmación cada vez más delineada sobre el significado de los símbolos que informaban el catolicismo de la época. Y en sus orígenes desveló la potencia de emblemas y pulsiones que proyectaban la sombra de su significado hacia una región exenta de miedos o prejuicios. En última instancia, el neoplatonismo de Leonardo tiene que ver con esta liberación en nuestra forma de percibir e intepretar una realidad que se ofrece a los sentidos de manera engañosa, pero que no puede mentir cuando se trata de aprehender la vastedad de los hechos suprasensibles a través de la mirada interna del espíritu.

Calasso, Roberto, *Ka*, traducción de Edgardo Dobry, Anagrama, 2016.

Corbin, Henry, *El hombre de luz en el sufismo iranio*, traducción de María Tabuyo y Agustín López, Siruela, 2000.

De la Cruz, San Juan, *Cántico espiritual*, José J. de Olañeta, 2001.

Eliade, Mircea, *Herreros y alquimistas*, Alianza, 1999.

Flaubert, Gustave, *Tres cuentos*, edición y traducción de Germán Palacios, Cátedra, 1999.

Graves, Robert, *Los dos nacimientos de Dionisio*, traducción de Lucía Graves y Maya Flakoll, Seix Barral, 1981.

Mann, Thomas, *José y sus hermanos*, 4 vols., Aldus, 1993.

Most, Glenn W., "Leer a Rafael: La Escuela de Atenas y su pretexto", *La Torre del Virrey. Revista de Estudios Culturales*, n. 13, 2013, pp. 25-40.

Orsini, Luigi, *The Malatesta Temple*, E. Bonomi Editore, 1915.

Platón, *Diálogos*, 4 vols., Gredos, 2010.

Plotino, *Enéadas*, 3 vols., edición, traducción y notas de Jesús Igal, Gredos, 1998.

Shakespeare, William, *The Library Shakespeare*, Robert Frederick Ltd, 2004.

Wasson, R. Gordon et al, *La búsqueda de Perséfone. Los enteógenos y los orígenes de la religión*, traducción de Omar Álvarez, Fondo de Cultura Económica, 1992.

Zöllner, Frank, *Leonardo da Vinci. The Complete Paintings and Drawings,* Taschen, 2016.

Las dos versiones de *La Virgen de las Rocas*, que se habrían pintado entre los años 1483 y 1508, constituyen uno de los momentos más elaborados y complejos en la larga meditación de Leonardo sobre el tema de san Juan. En ellas aparece el arcángel Uriel, señalando, en la versión del Louvre, al personaje de Juan niño. En su libro *Ángeles y santos* (New Directions, 2020), Eliot Weinberger escribe a propósito de la procedencia de Uriel:

El cuarto ángel en ser nombrado es Uriel, una presencia frecuente en los libros apócrifos -y en la poesía de H. D. en el siglo XX- pero que no está en la Biblia. A veces es un arcángel, a veces un serafín, a veces un querubín que guarda el Edén, a veces el Ángel de la Muerte en las siete plagas de Egipto, a veces el ángel que luchó contra Jacob, a veces el mensajero que previno a Noé de la inminente inundación, a veces el ángel que laceró a Moisés por negarse a circuncidar a su hijo Gershom o el ángel que rescató a Juan el Bautista de la masacre de Herodes de los inocentes, a veces un despiadado vigilante del arrepentimiento, a veces quien enseñó a la humanidad la Cábala y el arte de la alquimia.

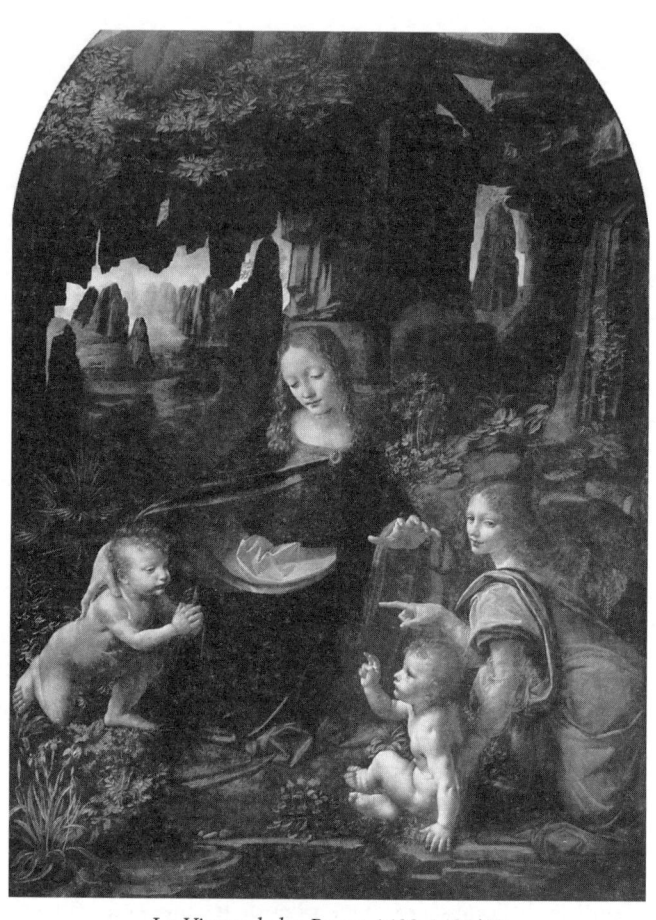

La Virgen de las Rocas, 1483-1484/85,
óleo sobre madera, transferido a lienzo, 197.3 x 120 cm,
Musée du Louvre, París.

Milton lo llamó "el espíritu más penetrante de todo el Cielo". Es el único ángel dado a los monólogos teológicos, si bien no se sabe si él es el que habla o es Dios quien está hablando a través suyo. En Esdras 2 (también conocido como Esdras 4) enreda al profeta Ezra en largas y paradójicas discusiones sobre la imposibilidad de conocer a Dios. Habla con Ezra de la inminencia del fin del mundo, cuando el sol brillará en la noche y la luna en el día, cuando las estrellas caerán del cielo, cuando los incendios se volverán incontrolables y las bestias deambularán en libertad, cuando el agua dulce se tornará salada, cuando la sangre brotará de los troncos y las piedras hablarán, cuando los pájaros se irán volando y no regresarán, cuando las naciones se darán cuenta de que ninguna persona justa ha nacido en ellas y cuando "uno, que quienes moran en la tierra no esperan, reinará" y éste "se hará escuchar de noche y todos atenderán su voz".

Más adelante, Ezra escucha la voz del mismo Dios, que le ordena ayunar durante cuarenta días y después reunir una pila de tablillas en blanco y a cinco escribas "entrenados para escribir con rapidez". A Ezra se le da una copa de líquido para beber, "algo como agua, pero su color era como el fuego". Él empieza a hablar, y los cinco escribas a poner por escrito "lo que les es dictado, en caracteres por ellos desconocidos". Él habla y ellos escriben durante cuarenta días; ellos producen noventa y cuatro libros. Dios le dice a Ezra que los "dignos y los indignos" pueden leer los primeros veinticuatro, pero que los restantes setenta sólo puede mostrárseles a los "sabios de tu pueblo". Dios dice que "en ellos se encuentra el principio del entendimiento, la fuente de la sabiduría y el río del conocimiento". El paradero de estos libros se desconoce (Ángeles y santos, 46-7).

Misteriosamente, el ángel Uriel estaría relacionado con la figura de san Juan, pero también con la transmisión de cierto conocimiento esóterico, que sólo los más doctos entre el pueblo judío -se entiende- podían desvelar. Aquí reaparece el tema de la enseñanza esotérica y exotérica, que constituye uno de los temas medulares subyacentes en el Nuevo Testamento, pero también en los *Diálogos* platónicos. Recuérdese a este respecto que tanto Sócrates como Jesús no escribieron una sola línea, y la transmisión de sus enseñanzas se dio a través de la palabra hablada. La oposición entre la oralidad y la escritura se antoja un contrapunto similar al de lo abierto y lo cerrado, que daría pie a la corriente neoplatónica de pensamiento que surgió precisamente en el norte de África, con los Padres del Desierto, y se extendió por la franja de lo que ahora es Gaza, Siria y Damasco, al mismo tiempo que el imperio bizantino reconocía como propia esa misma extensión de territorio, entre los siglos IV y V de la era cristiana.

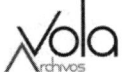

Giovanni Gherardo de Rossi:
Angelica Kauffmann, pintora (1741-1807)

Piet Mondrian:
Pureza de la pintura

Griselda Pollock:
Mary Cassatt, pintora impresionista

Alicia Rodés Vilà:
Pieter Bruegel El Viejo: El vino de la fiesta de San Martín

Stéphane Mallarmé y Paul Valéry:
Berthe Morisot, pintora impresionista

Frederic Chordá:
La Venus de Botticelli: entre lo mundano y lo ideal

Humberto Huergo Cardoso:
Paolo Veronese: el tesorero de la pintura

Ramón Gómez de la Serna:
Pintoras

Bea Porqueres:
Sofonisba Anguissola, pintora (1535-1625)

François Crastre:
Rosa Bonheur, pintora (1822-1899)

Margarita Nelken:
Tres tipos de Vírgenes

Yves Bonnat:
Suzanne Valadon, pintora (1865-1938)

Romeo Galli:
Lavinia Fontana, pintora (1552-1614)